어린이
알파벳 단어

기획 : Y&M 어학연구소

와이 앤 엠

어린이
알파벳 단어

apple

🐥 알파벳 A의 대문자와 소문자를 따라 써 보세요.

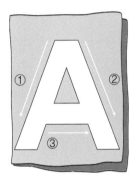

A A A A A A

a a a a a a

box

🐟 알파벳 B의 대문자와 소문자를 따라 써 보세요.

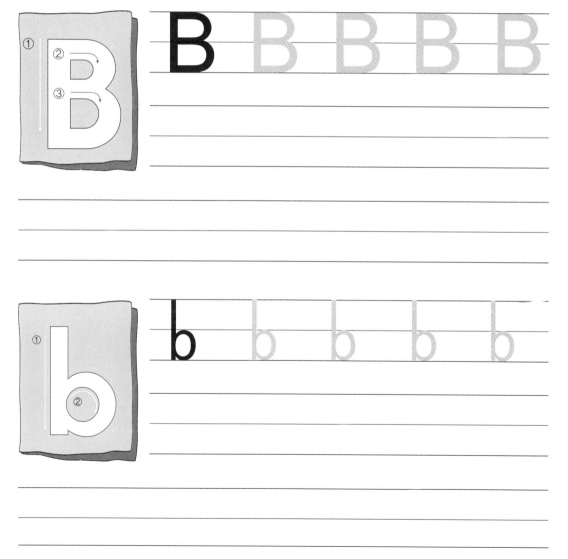

B B B B B B

b b b b b b

 chair

🐟 알파벳 C의 대문자와 소문자를 따라 써 보세요.

C C C C C C

c c c c c c

deer

🐟 알파벳 D 대문자와 소문자를 따라 써 보세요.

D D D D D D

d d d d d

알파벳 대문자와 소문자가 같은 것끼리 선으로 연결하세요.

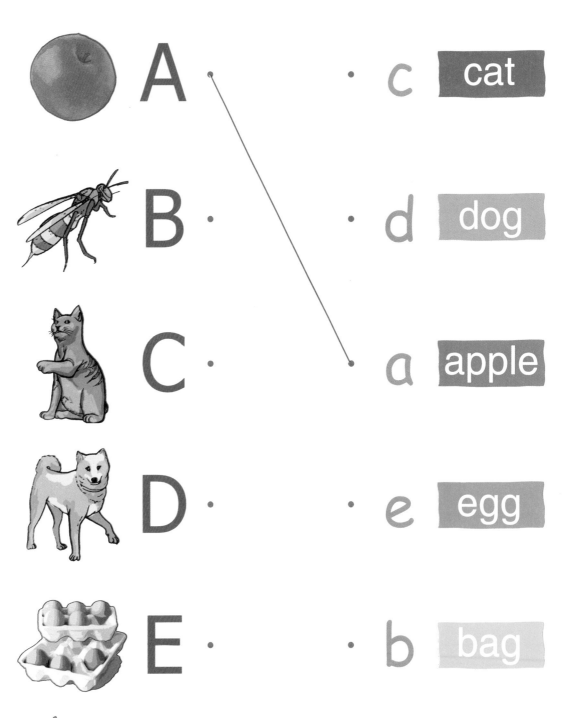

A

B

C

D

E

c cat

d dog

a apple

e egg

b bag

그림 속에서 알파벳 a, b, c, d 소문자를 찾아 보세요.

알파벳 a로 시작하는 단어를 배워 봅시다.

aunt

아주머니
앤트

airplane

비행기
에어플레인

animal

동물
애너믈

a

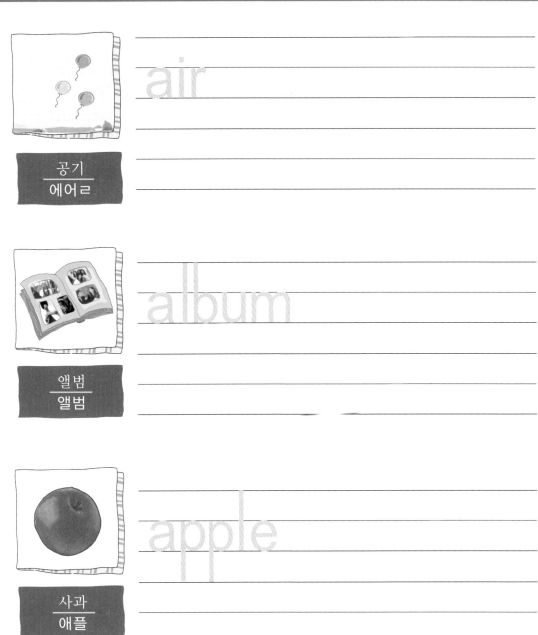

air

공기
에어ㄹ

album

앨범
앨범

apple

사과
애플

B

알파벳 b로 시작하는 단어를 배워 봅시다.

공
버-얼

ball

가방
백

bag

침대
뱃

bed

b

balloon

풍선
벌루-운

banana

바나나
버내너

bear

곰
베어-ㄹ

C

알파벳 c로 시작하는 단어를 배워 봅시다.

cake

케이크
케이크

candy

사탕
캔디

car

자동차
카-ㄹ

16

C

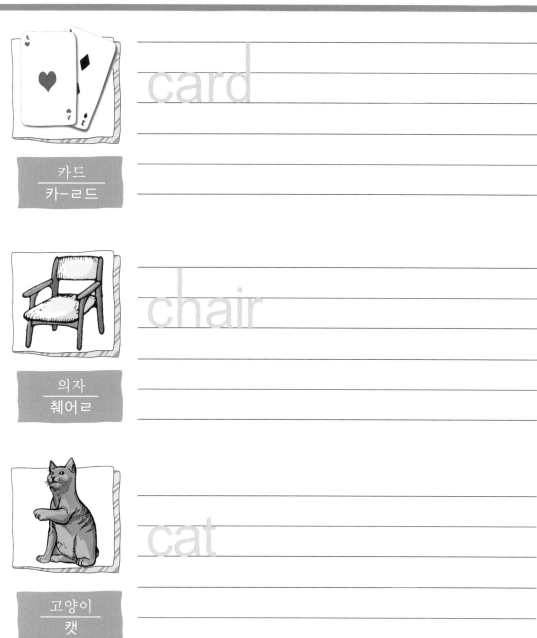

card

카드
카ー르드

chair

의자
췌어ㄹ

cat

고양이
캣

17

D

알파벳 d로 시작하는 단어를 배워 봅시다.

deer

사슴
디얼

diary

일기장
다이어뤼

dish

접시
디쉬

d

의사
닥터ㄹ

doctor

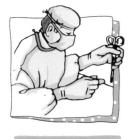

개
더-ㄱ

dog

문
도-어ㄹ

door

19

4. 그림에 맞는 단어를 아래 ☐ 속에서 찾아 써 넣으세요.

car bell banana card album dish

5. 서로 관계있는 것끼리 선으로 연결하세요.

 earth

알파벳 E의 대문자와 소문자를 따라 써 보세요.

E E E E E E

e e e e e

flower

🐟 알파벳 F의 대문자와 소문자를 따라 써 보세요.

F F F F F F

f f f f f f

 **grape**

🐟 알파벳 G의 대문자와 소문자를 따라 써 보세요.

G G G G G

g g g g g

house

🐟 알파벳 H의 대문자와 소문자를 따라 써 보세요.

H H H H H H H

h h h h h h

그림 속에서 알파벳 e, f, g, h 소문자를 찾아 보세요.

알파벳 대문자와 소문자가 같은 것끼리 선으로 연결하세요.

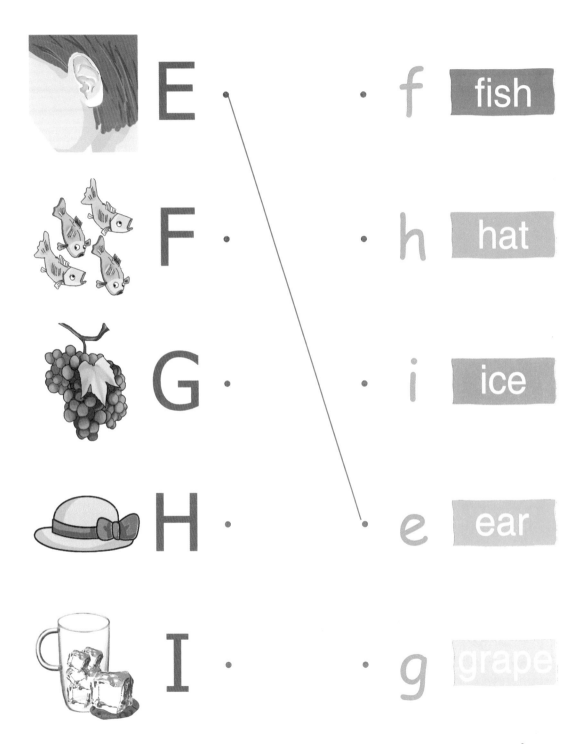

E

F

G

H

I

f   fish

h   hat

i   ice

e   ear

g   grape

알파벳 e로 시작하는 단어를 배워 봅시다.

ear

귀

이얼

earth

지구

어-르쓰

egg

계란

엑

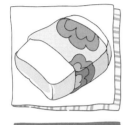

eraser

지우개
이뢰이줘ㄹ

evening

저녁
이-브닝

eye

눈
아이

29

F

알파벳 f로 시작하는 단어를 배워 봅시다.

얼굴
페이스

face

가족
패밀리

family

음식
푸-드

food

f

friend

친구
프뤤드

fruit

과일
푸르–트

foot

발
풋

알파벳 g로 시작하는 단어를 배워 봅시다.

gas

가스
개스

girl

소녀
거얼

glass

유리컵
글래스

glove

장갑
글러브

grass

잔디밭
그뢰스

ground

땅
그롸-운드

H

알파벳 h로 시작하는 단어를 배워 봅시다.

hair

머리카락
헤얼

hat

모자
햇

hand

손
핸드

h

house

집
하우스

horse

말
호올스

hotel

호텔
호텔

6. 서로 관계있는 것끼리 선으로 연결하세요.

5. 그림에 맞는 단어를 아래 □ 속에서 찾아 써 넣으세요.

ear   earth   eye   face   food

ice

😺 알파벳 I의 대문자와 소문자를 따라 써 보세요.

jam

🐟 알파벳 J의 대문자와 소문자를 따라 써 보세요.

J J J J J J

j j j j j j

 knife

알파벳 K의 대문자와 소문자를 따라 써 보세요.

K K K K K K

k k k k k k

 L l lion

🐟 알파벳 L의 대문자와 소문자를 따라 써 보세요.

 알파벳 순서를 따라 빠진 글자를 써 넣으세요.

알파벳 대문자와 소문자가 같은 것끼리 선으로 연결하세요.

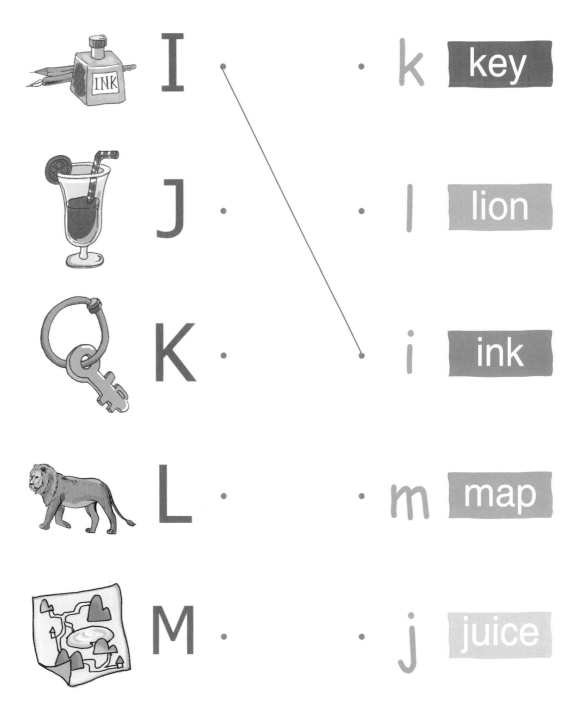

I

J

K

L

M

k key

l lion

i ink

m map

j juice

알파벳 i로 시작하는 단어를 배워 봅시다.

ice

얼음
아이스

ink

잉크
잉크

island

섬
아일런드

i

ice cream

아이스크림
아이스크림

idea

생각
아이디어

insect

곤충
인섹트

알파벳 j로 시작하는 단어를 배워 봅시다.

jacket

재 킷
줴 킷

jam

잼
줴엠

job

직업
좝

j

주스
쥬스

juice

깡충뛰다
줘ㅁ프

jump

정글
줘ㅇ글

jungle

알파벳 k로 시작하는 단어를 배워 봅시다.

key

열쇠
키-

kid

아이
킷

king

왕
킹

k

kitchen

부엌
키췬

knee

무릎
니-

knife

칼
나이프

알파벳 l로 시작하는 단어를 배워 봅시다.

lake

호수
레익

lamp

등불
램프

land

육지
랜드

leg

다리
렉

lion

사자
라이언

lip

입술
립

51

5. 서로 관계있는 것끼리 선으로 연결하세요.

6. 그림에 맞는 단어를 아래 ☐ 속에서 찾아 써 넣으세요.

ink   ice cream   juice   key   jam

milk

알파벳 M의 대문자와 소문자를 따라 써 보세요.

M M M M M M

m m m m m m

nose

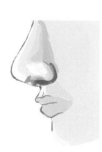

🐛 알파벳 N의 대문자와 소문자를 따라 써 보세요.

N N N N N N

n n n n n

orange

🐠 알파벳 O의 대문자와 소문자를 따라 써 보세요.

O O O O O

o o o o o

pen

😀 알파벳 P의 대문자와 소문자를 따라 써 보세요.

P P P P P P

p p p p p p

알파벳 대문자와 소문자가 같은 것끼리 선으로 연결하세요.

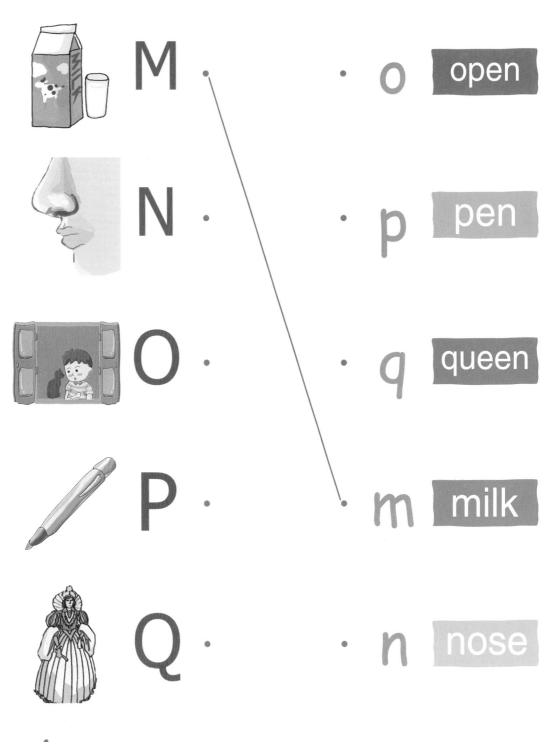

M ·   · o open

N ·   · p pen

O ·   · q queen

P ·   · m milk

Q ·   · n nose

그림 속에서 알파벳 m, n, o, p 소문자를 찾아 보세요.

M

알파벳 m으로 시작하는 단어를 배워 봅시다.

mail

우편
메일

man

남자
맨

map

지도
맵

m

마트
마ー르킷

market

우유
밀크

milk

원숭이
멍끼

monkey

N

알파벳 n으로 시작하는 단어를 배워 봅시다.

neck

목
넥

nail

손톱
네일

news

소식
뉴-즈

n

밤
나잇

night

공책
노웃트북

notebook

간호사
너-르스

nurse

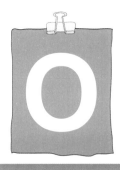

알파벳 o로 시작하는 단어를 배워 봅시다.

office

사무실
어퓌스

oil

기름
오일

old

늙은
오울드

O

하나
원

one

오렌지
어-륀쥐

orange

오븐
어븐

oven

P

알파벳 p로 시작하는 단어를 배워 봅시다.

paper

종이
페이펄

park

공원
파-크

pen

펜
펜

p

piano

피아노
피애노우

pig

돼지
픽

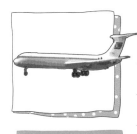

plane

비행기
플레인

5. 그림에 맞는 단어를 아래 ☐ 속에서 찾아 써 넣으세요.

orange   mail   milk   map   oil

6. 서로 관계있는 것끼리 선으로 연결하세요.

queen

🐟 알파벳 Q의 대문자와 소문자를 따라 써 보세요.

Q Q Q Q Q

q q q q q

rose

알파벳 R의 대문자와 소문자를 따라 써 보세요.

R R R R R R

r r r r r r

sofa

🐟 알파벳 S의 대문자와 소문자를 따라 써 보세요.

S S S S S S

s s s s s s

T t   table

🐟 알파벳 T의 대문자와 소문자를 따라 써 보세요.

알파벳 대문자와 소문자가 같은 것끼리 선으로 연결하세요.

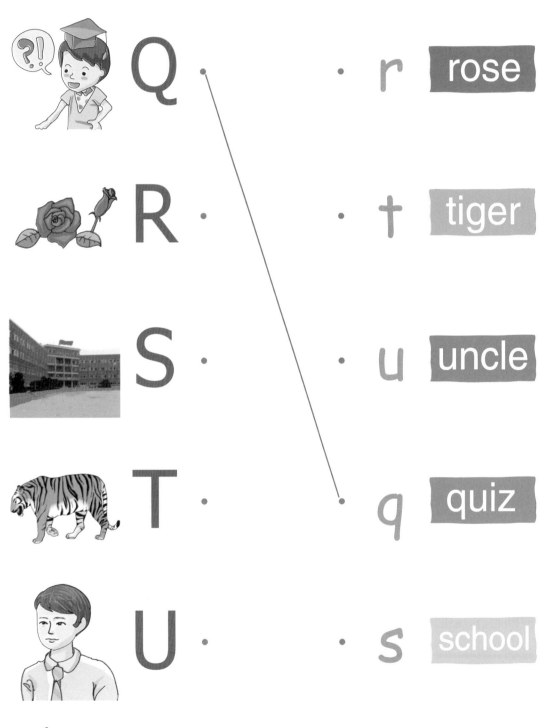

Q

R

S

T

U

r rose

t tiger

u uncle

q quiz

s school

그림 속에서 알파벳 q, r, s, t 소문자를 찾아 보세요.

Q

알파벳 q로 시작하는 단어를 배워 봅시다.

여왕
퀴이-ㄴ

queen

질문
퀘스쳔

question

빠른
퀵

quick

q

질문
퀴즈

quiz

빠르게
퀵클리

quickly

R

알파벳 r로 시작하는 단어를 배워 봅시다.

라디오
뢰이디오

radio

리본
뤼번

ribbon

반지
링

ring

river

강
뤼버-ㄹ

robot

로봇
롸벗

rose

장미
로우즈

알파벳 s로 시작하는 단어를 배워 봅시다.

school

학교
스꾸-울

shoe

구두
슈-

snow

눈
스노우

S

star

별
스따-ㄹ

son

아들
썬

sugar

설탕
슈거얼

알파벳 t로 시작하는 단어를 배워 봅시다.

table

테이블
테이블

tape

테이프
테이프

taxi

택시
택씨

toy

장난감
터이

tree

나무
츄뤼-

truck

트럭
츄럭

83

4. 서로 관계있는 것끼리 선으로 연결하세요.

1. 그림에 알맞은 단어의 첫자를 빈칸에 써 보세요.

(1)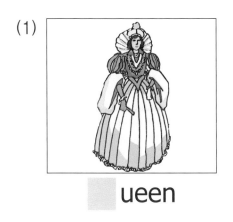
　　ueen

(2)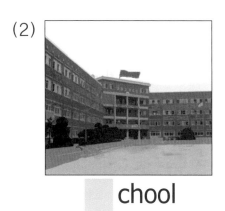
　　chool

(3)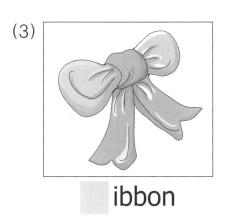
　　ibbon

(4)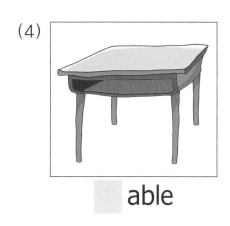
　　able

(5)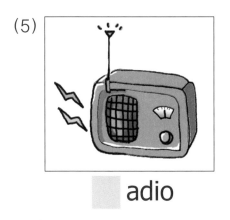
　　adio

(6)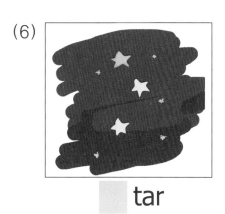
　　tar

umbrella

🐟 알파벳 U의 대문자와 소문자를 따라 써 보세요.

U U U U U U

u u u u u u

violin

🐟 알파벳 V의 대문자와 소문자를 따라 써 보세요.

V V V V V V

v v v v v

window

🐟 알파벳 W의 대문자와 소문자를 따라 써 보세요.

W W W W W

w w w w w

xylophone

🐾 알파벳 X의 대문자와 소문자를 따라 써 보세요.

X X X X X

x x x x x

알파벳 순서를 따라 선을 연결하여 그림을 완성하여 보세요.

호랑이가 개울을 건너려고 합니다. 그러나 글자가 없는 돌을 밟으면 물 속으로 가라앉습니다. 돌에 알파벳 순으로 글자를 써 넣어 주세요. 그러면 호랑이가 안전하게 건널 수 있습니다.

알파벳 u로 시작하는 단어를 배워 봅시다.

umbrella

우산
엄브릴러

uncle

아저씨
엉끌

uniform

유니폼
유-니포-ㄹ옴

V

vase

꽃병
베이스

video

비디오
뷔디오

violin

바이올린
봐이얼린

W

알파벳 w로 시작하는 단어를 배워 봅시다.

watch

시계
왓취

water

물
워어-러

world

세계
워-르드

W

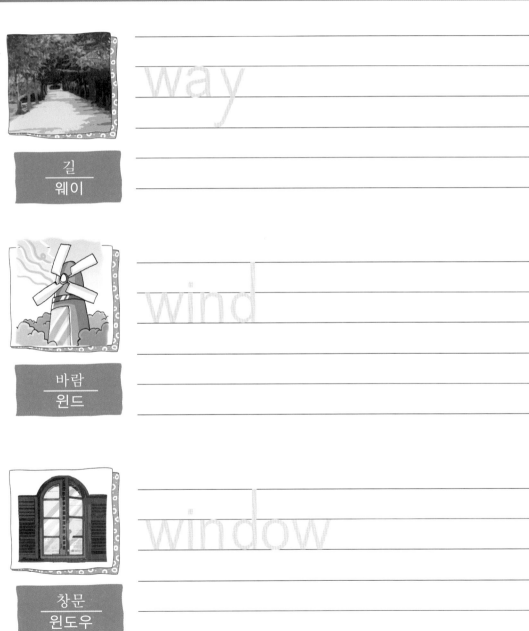

way

길
웨이

wind

바람
윈드

window

창문
윈도우

1. 보기에서 알맞는 알파벳을 골라 빈칸에 써 보세요.

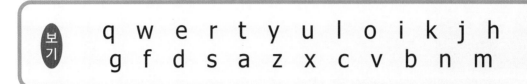

보기

q w e r t y u l o i k j h
g f d s a z x c v b n m

(1) 우산 ➡

(2) 창 ➡

(3) 유니폼 ➡

(4) 비디오 ➡

2. 그림에 맞는 알파벳을 넣어 퍼즐을 완성해 보세요.

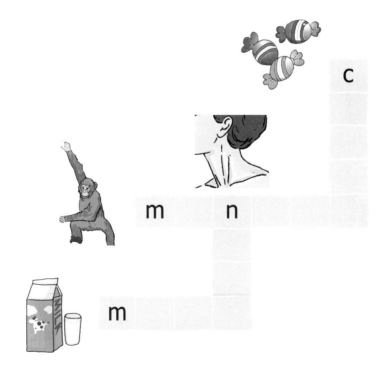

c

m n

m

3. 알맞은 것끼리 서로 연결해 보세요.

(1)　　　　　　(2)　　　　　　(3)

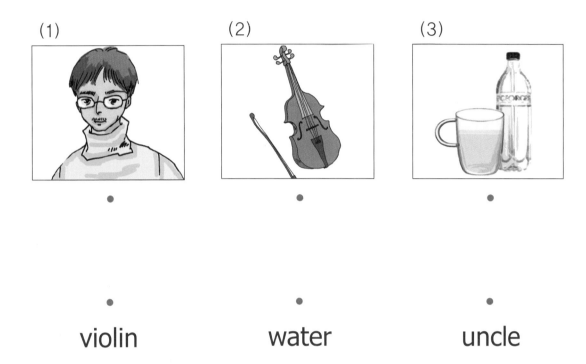

violin　　　　　water　　　　　uncle

4. 보기에서 그림에 알맞은 알파벳을 찾아 빈칸에 써 넣으세요.

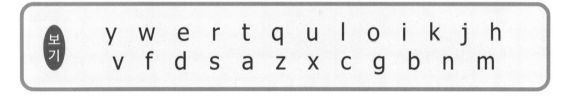

보기
y w e r t q u l o i k j h
v f d s a z x c g b n m

(1)　　　　　　(2)　　　　　　(3)

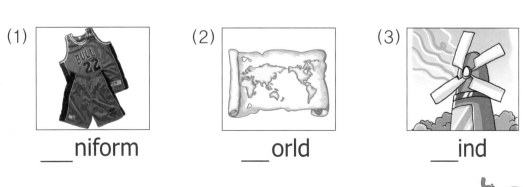

___niform　　　___orld　　　___ind

 그림 속에서 알파벳 u, v, w, x, y, z 소문자를 찾아 보세요.

알파벳 대문자와 소문자가 같은 것끼리 선으로 연결하세요.

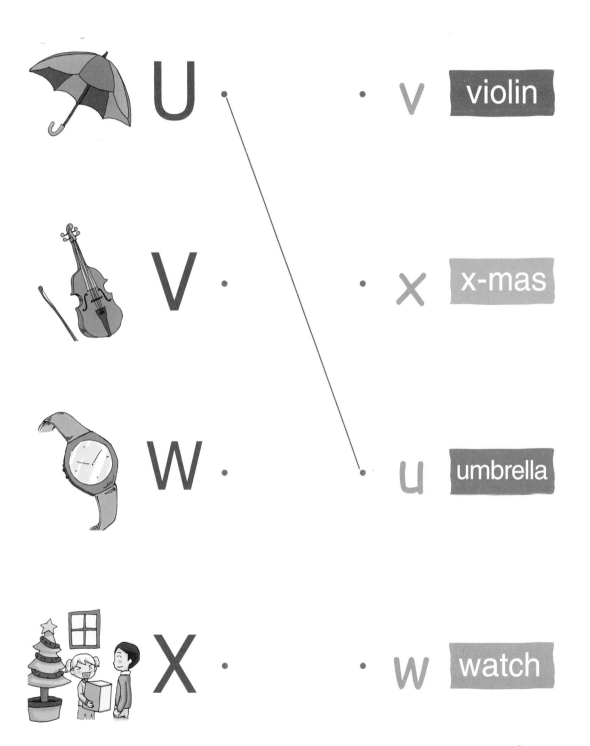

U ·   · v violin

V ·   · x x-mas

W ·   · u umbrella

X ·   · w watch

알파벳 x로 시작하는 단어를 배워 봅시다.

x-mas

크리스마스
크리스머스

x-ray

엑스선
엑스레이

xylophone

실로폰
자일러포운

Y

알파벳 y로 시작하는 단어를 배워 봅시다.

yard

뜰
야-르드

yellow

노랑
옐로우

young

젊은
영

Z

알파벳 z로 시작하는 단어를 배워 봅시다.

zebra

얼룩말
지-브러

zipper

지퍼
쥐펄

zoo

동물원
주-

1. 다음 그림을 보고 맞는 단어에 ○표를 하세요.

(1)

(2)

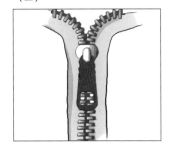   

(3)

(4)

해 답

p. 24~ p. 25 (해답. 생략)

p. 8~ p. 9 (해답. 생략)

p. 18~ p.19

p. 34~ p.35

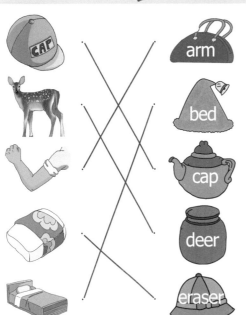

p. 37~ p. 38 (해답. 생략)

p. 50~ p.51

p. 56~ p. 57(해답. 생략)

p. 66~ p.67

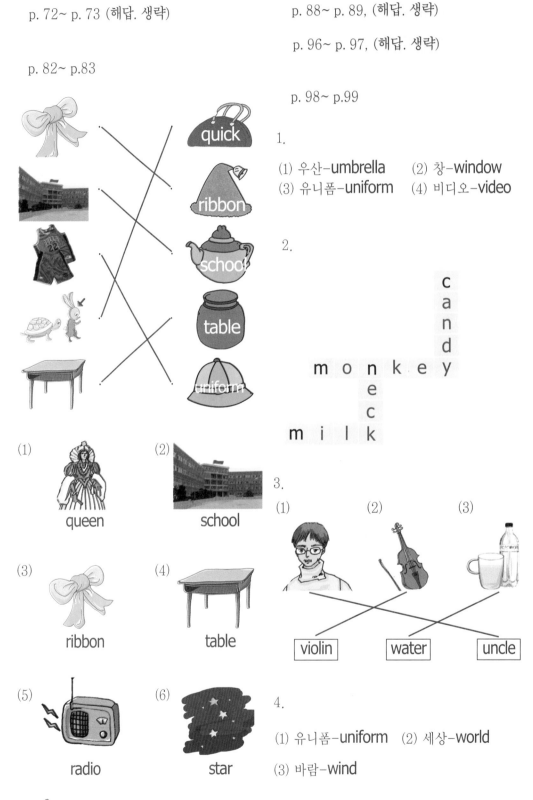

p. 72~ p. 73 (해답. 생략)

p. 82~ p.83

p. 88~ p. 89, (해답. 생략)

p. 96~ p. 97, (해답. 생략)

p. 98~ p.99

quick

ribbon

school

table

uniform

(1) queen

(2) school

(3) ribbon

(4) table

(5) radio

(6) star

1.

(1) 우산-umbrella   (2) 창-window

(3) 유니폼-uniform   (4) 비디오-video

2.

```
            c
            a
            n
m  o  n  k  e  y
         e
         c
m  i  l  k
```

3.

(1)   (2)   (3)

violin   water   uncle

4.

(1) 유니폼-uniform   (2) 세상-world

(3) 바람-wind

p. 103~ p.105

1.

(1)

yellow

(2)

zipper

(3)

young

(4)

zoo

2.

(1) 창-window   (2) 영-zero

(3) 노랑-yellow   (4) 비디오-video

3.

```
        v       s
        i       o
        d       f
u m b r e l l a
  o       o   e
  o           g
  n
```

4.

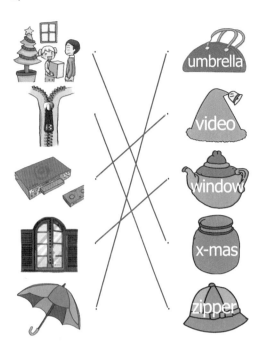

알파벳

G g
[쥐이]

glass
글래스
유리잔

A a
[에이]

apple
애플
사과

H h
[에이취]

hand
핸드
손

B b
[비이]

bag
백
가방

I i
[아이]

ice
아이스
얼음

C c
[씨이]

cap
캡
모자

J j
[쥐이]

jam
쥐엠
잼

D d
[디이]

desk
데스크
책상

K k
[케이]

key
키-
열쇠

E e
[이-]

egg
엑
계란

L l
[엘]

lion
라이언
사자

F f
[에프]

food
푸-드
음식

M m
[엠]

map
맵
지도

T t
[티-]

tiger
타이걸
호랑이

N n
[엔]

neck
넥
목

U u
[유-]

uncle
엉끌
아저씨

O o
[오우]

orange
어-륀쥐
오렌지

V v
[븨-]

violin
봐이얼린
바이올린

P p
[피-]

pencil
펜쓸
연필

W w
[더블유]

watch
왓취
손목시계

Q q
[큐-]

queen
퀴이-ㄴ
여왕

X x
[엑스]

Xmas
크리스머스
크리스마스

R r
[아-ㄹ]

ring
링
반지

Y y
[와이]

yellow
옐로우
노란색

S s
[에스]

sofa
쏘우풔
소파

Z z
[즤-]

zoo
주-
동물원

어린이
알파벳 단어 따라쓰기

재판 4쇄 발행 2020년10월 25일

글 Y&M 어린이 어학 연구소

펴낸이 서영희 | **펴낸곳** 와이 앤 엠

편집 임명아 | **책임 교정** 하연정 · 변현정

본문 인쇄 명성 인쇄 | **제책** 청우 바이텍

제작 이윤식 | **마케팅** 강성태

주소 120-100 서울시 서대문구 홍은동 376-28

전화 (02)308-3891 | Fax (02)308-3892

E-mail yam3891@naver.com

등록 2007년 8월 29일 제312-2007-000040호

ISBN 978-89-93557-57-2   63740